Karl Friedrich Kretschmann

Der Gesang Rhingulphs des Gesänge

Karl Friedrich Kretschmann

Der Gesang Rhingulphs des Gesänge

ISBN/EAN: 9783744631457

Hergestellt in Europa, USA, Kanada, Australien, Japan

Cover: Foto ©Thomas Meinert / pixelio.de

Weitere Bücher finden Sie auf **www.hansebooks.com**

Kurzer Innhalt
nachfolgender fünf Gesänge.

Erstes Lied.

Der Barde, voll von der Größe des berühmten Sieges, den die Deutschen unter Hermanns, des Cheruskers, Anführung über drey Legionen Römer davon trugen, bricht in seinen Siegesjubel aus. Er hat den Sieg mit erfechten helfen, und will ihn auch besingen. Rhingulph war im heilgen Hayne der Göttinn Fräa zum Barden Hermanns groß gewachsen, woselbst

Innhalt.

er auch mit Godschalken von Jugend auf Freundschaft gestiftet, ungeachtet dieser nachmals römisch gesinnt, und deswegen von Rhingulphen gehaßt wurde. In eben diesem Hayne verliebte er sich in Irmgard, eine Jungfrau, die der Göttinn Fråa *) Dienst besorgen half: er gewann sie, und sie war, nebst Godschalken, die Gefährtinn seines Kummers, als Deutschland von den Römern überschwemmt und unterdrückt wurde.

*) Die Göttinn der Liebe, der Ehe, und des Reizes.

Innhalt.
Zweytes Lied.

Der Barde beschreibt die einfachen Sitten und Lebensart der Unterdrückten; er vergleicht sie mit den verdorbnen römischen Sitten, die er selbst gesehen hatte, als er, nach Gewohnheit der damaligen Deutschen, eine Reise nach Rom that, wohin ihn Gilbrich, Hermanns Bruder begleitete. (Rhingulph beschreibt die Gelage der Deutschen, bey deren einem die Deutschen, den Varus sammt seinen Legionen, anzugreifen beschlossen. Er erzählt, wie Hermann und sein Vater Siegmar nebst andern Fürsten, sich wider die Römer verschwuren, und beklagt es, daß Gilbrich Siegmars zweyter Sohn in Rom geblieben sey. Nach dieser Verschwörung gehen die Verbundenen, um die Wahrsagerinn Veleda über den Ausgang ihres Vorhabens zu Rathe zu ziehen, und erhalten von ihr eine günstige Prophezeihung, außer daß sie Siegmarn von seinem nahen Tode einen Wink giebt.

Innhalt.
Drittes Lied.

Rhingulph voll Erstaunen über die Begierde der Römer das wüste Deutschland zu bekämpfen, besingt die Verwüstung, Unterdrückung, Verderbung der Sitten, Verführung ihrer Jugend; und beklagt es, daß auch Godschalk sich hinreißen lassen. Ein römischer Tribun hatte Irmgarden verführen wollen, und Rhingulph bestraft ihn deswegen auf der Stelle. In der Wuth über diese Begebenheit, ermuntert er die Deutschen zur Rache: und siehe, sie haben sich schon empört. Es fallen kleine Gefechte vor, in welchen Siegmar bleibt: die Götter sehn es, wie sich die Deutschen von der Knechtschaft loßwinden, und bestimmen ihnen den Sieg. Die Deutschen ziehen sich zusammen, um mit vereinten Kräften die Römer anzufallen. Sie ziehen in einer gewittervollen Nacht aus, und Rhingulph singt ihnen den Schlachtgesang.

Viertes

Innhalt.
Viertes Lied.

Die Deutschen treffen die Feinde bey anbrechendem Tage wachsam an. Der Barde fodert sie heraus. Er beschreibt die drey römischen Legaten, den Varus, Vala Numonius, und Cejonius. Die Legion des letztern erlieget zuerst, und die Deutschen sparen den Anführer zum Opfer. Die Schlacht wird allgemein. Im Taumel derselben trift Rhingulph auf den römisch gewordenen Godschalk; er kämpft mit ihm, und erlegt ihn: voller Wuth eilt er ins Treffen, wo die Niederlage der Römer schon allgemein geworden. Varus hat sich selbst ermordet, und Vala wird mit den Reutern in den Rhein gejagt. Der Barde beklagt den Jammer des Schlachtfeldes.

Innhalt.

Fünftes Lied.

Nachdem das Schlachtfeld ruhig geworden, rühmt der Barde, daß die Deutschen ohne Beyhülfe eines Volkes diesen Sieg erkämpft. Er dankt den Göttern, und dem Heerführer Hermann. Die Völkerschaften der Deutschen, die an dem Kampfe Theil genommen, werden von ihm gepriesen, und Segests Untreue geschmäht. Er gelobt an Godschalks Grabmahle jährlich zu trauern, und prophezeyht, daß sich das stolze Rom endlich selbst unterdrücken werde.

Der Gesang
Rhingulphs
des
Barden.

Erstes Lied.

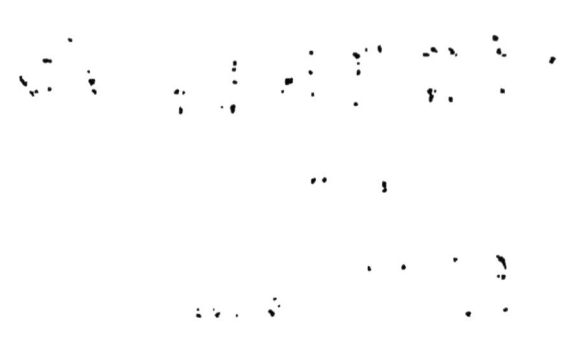

Rhingulphs Ermunterung.

Heil mir, daß dieses Saitenspiel
  Vom Himmel mir zum Loose fiel:
Daß ich damit den Heldenmann
Und Göttertugend feyern kann!

Auch feyert' ich an Irmgards Brust
Der Göttinn Fräa Frühlingslust;
Und warm von Hertbas Honigwein
Sang ich den Herbst im bunten Hayn.

Da strömte durch den Säulengang
Der Eichen, fröhliger Gesang:
Dann gab der Wiederhall zurück
Der Hertha Lust, der Fräa Glück.

Nun aber ruft der Ruhm im Lauf
Des Barden höhre Lieder auf:
„Held Herman fülle den Gesang;
„Ihn fülle Varus Untergang!„

Gefallen, ja gefallen ist
Vor uns der Muth und Römer List!
Triumph! zerdonnert ist die Macht
Der Stolzen, und ihr Ruhm wird Nacht.

Mich treibt der Feuerschlacht Gesicht;
Noch harrt mein Geist am Sanften nicht;
Noch pocht in mir des Siegers Wuth:
O Harfe, walle wie mein Blut!

Drum itzt von meinem Spiel zurück,
Der Freuden und der Liebe Glück!
Herab vom zärtsten Schwalbenton
Tobt es in tiefen Bässen schon,

Und singt dich, o mein Siegeslied! —
Mit großer Thaten Bürde, zieht

Lied.

Die Zeit auf ihrer Laufbahn schon,
Und reißet dich mit sich davon:

Da schlag du auf der Wolkenbahn
Den Wiederhall der Sterne an,
Und Hermans Nahme tön' ins Zelt
Der Götter, wie hier durch die Welt.

„Horch! rufet Thuisko: — horcht, da zieht
„Rhingulphs, des frommen Barden Lied!" —
Da schauerte mein Herz; da fiel
Ein Eichenkranz mir auf mein Spiel!

Erstes

Der Gesang Rhingulphs des Barden.

Erstes Lied.

Ha! Da liegen sie ja,
Die Legionen, erschlagen!
Erwürgt sind ihre Roße; ihre Kriegeswagen
Zertrümmert; Schwerdt und Pfeil
In Splittern; und die goldnen Adler
Unsrer Beute Theil!

Drum Sieg und Freyheit ewig dir!
Sieg, Freyheit meinem Liebe von dir
O Herman! Sieh, da bleicht der Tod
Die Leichen der Freyheitsfeinde;

Lied.

Ihr ungestümes Blut färbt die Gewässer roth:
Heil Herman, unserm Freunde,
Der, von Quirinus Purpur roth,
Ehrwürdig kömmt, wie die wohlthätgen Götter;
Auch furchtbar! — Denn so feyert den Erretter
Still um ihn der Tod.

Schmiedet, schmiedet sie ein,
Die wenigen Verzagten die wir fiengen!
Schleppt die Sclaven in Hayn
Den Elfen das Opfer zu bringen!
Oder, läßt Veledens Pfand:
Die fromme Jungfrau ward des Sieges Bürge.
Gebt sie, gebt sie ihrer Hand,
Daß sie sie würge!
Daß sie in der Feigen Blut
Nach der Zukunft spähe,
Und im Opfer, uns den Sieg,
Rom den Tod ersehe!

Indeß

Indeß mein Geist durch euern Jubel beginnt,
Wie Opferflammen durch den Wind,
Sich höher, noch höher
Und höher zu schwingen;
Indeß die volle Harfe tönt!
Denn Herz und Mund soll ihn besingen,
Den Sieg, der Herman Dich, mit rothen Blumen
krönt.

Dort in der Schlacht, gesteh es mir,
Würgt' ich, o Held, nicht hinter Dir?
So wahr daselbst mein Schwerdt geblitzt,
So darf mein Jubelhymn auch itzt
Sich an die hohen Thaten wagen;
Ihn soll die Pfeilgeschwinde Zeit,
Durch tausend horchende Jahre weit
Umher auf brausenden Flügel,
Zum Enkel dort im stillen Thal,
Zum Enkel der sieben kriegerischen Hügel
Auf brausenden Flügel tragen! — —

Horch! —

Lied.

Horch! — Lispelt nicht von fernher schon
Der Nachhall jeden Jubelton?
Die Leichen Roms? Und Hermans That?
  „Blutend wälzt sich der Legat,
  „Blutend der Tribun, blutend der Centurion
  „Auf zwey und einer Legion.
  „Wer warf die Leichensaat aufs Feld?
  „Siegmars des Helden Sohn, ein Held:
  „Ewig ist sein Nahme,
  „Wie sein Sieg es ist, -
  „Der nach den Besiegten
  „Seine Größe mißt. „

O wende Dich! Wie strahlt der Glanz
Des Helms durch Deinen rothen Kranz;
Als hätte Fräa ihn gepflückt,
Mit eigner Hand Dich so geschmückt,
Und führte Dich zum Heldenmahl
In Tohros Tausend-Freuden-Saal.

Als tänzte sie mit Dir dahin,
Sie, alles Reizes Pflegerin,

B   Blau-

Blauäugigt und mit Haar von Gold:
Denn Dir ist Göttinn Fråa hold.

Sie pflegt die Tage Deines Seyns:
Denn Reiz und Tapferkeit ist eins!

Wohl mir! In ihrem Eichenhayn
Hat mich, Dein Barde nun zu seyn,
Hat Fråa mich geweyht:
Schon in der hüpfenden Knabenzeit
Riß mich die stürmische Gewalt
Herzlicher Neigung in den Wald.
Da lauscht ich oft bey Mondenglanz
Auf den geheimnißvollen Tanz
Der Göttergleichen Mädchenschaar,
Die ihr, der Schönen, heilig war.

Jed' um die Hüften ein Band,
Jed' ein Schwerdt in der Hand,
Sangen sie Heldengesänge,
Tanzten sie Heldengänge;

Und

Lied.

Und indem sie singen,
Flimmert der Mond an den Klingen,
   Daß des Schauspiels Pracht
   War wie die Stern' in der Nacht.

Hundertstimmig sang der Chor
Thuiskons Krieg, das Treffen Tohr;
Den Götterwink, womit im Streit
Der Feldherr selbst der Wuth gebeut;
Den Ruhm, der in der Schlacht den müden Mann
                             erquickt;
Den Sieg, der Götter selbst beglückt.

Drauf sangen zween und zween, die Lust,
Die Brust an Brust
   Warm von hohem Triebe
Der Freund bey seinem Freunde schmeckt:
   Auch sangen sie die Liebe
   Die auch den Helden weckt.
Seelig, seelig ist, wem Fräe
Unter uns sein Weib der Ehe
   Auserlesen hat!

Junge Helden, unsre Reigen
Singen nicht zur Lust des Feigen;
Und in diesen Armen, ruht
Nur der Mann, der Thaten thut!

Dann brach der hundertstimmige Chor
Mit höhern Liedern wieder hervor:
Der mächtge Wohlklang füllte den Hayn;
Da braußten die Eichen
Da rauschten die Tannen
Holdseelig darein.

So wuchs der Keim der Harmonie
In meinem Geist, und Melodie
Schlich sich in meine Lieder ein,
Die ich nachahmt' im Eichenhayn.

So wuchs ich auf; und Arm in Arm
Ward Godschalk so mit mir erzogen.
Von gleichem Muth, von gleicher Freundschaft warm.
Die Harfe und der Bogen,

Und

Lied.

Und mancher Held, und manches Ziel
War unser Lied, und unser Spiel:
Das Herz, das alles Glück da fand,
War nur der Liebe nicht bekannt.
Oft fragten wir uns im Geheim
„Was mag die mächtge Neigung seyn? —
Keiner des Räthsels mächtig,
Jeder entbrannt es zu lösen,
Wurden wir ernst und einsam;
Alle Adern glühten,
Alle Gedanken riethen
Auf die mächtige Neigung
Und erriethen sie nicht.

Und als ich einst, im Rosenmonde,
Auf dem seidnen Gras,
Unter den schattigsten Zweigen,
In der Ahndung Bildertief verlohren saß;
Sieh, o siehe da! Fräe
Mit ihrer himmlischen Mädchen Chor,
Trat hinter den jüngsten Eichen hervor!

Lächelnd

Lächelnd sprach die göttliche Lohnerinn der
Ehre:
„Daß die Flamme Rhingulphs ihn nicht zu
„früh verzehre;
„Wähle dir ein Mädchen aus: reizend, wie
„die Ehre,
„Heilig wie das Vaterland
„Ist der Muttergöttinn Band

Zitternd vor Ungedulb
Hub ich an zu wählen,
Und ich raubte Irmengard:
Konnt ich wohl des Schönsten fehlen?
Denn sie ist der Schmuck der Schaar,
Seitdem Thusnelde die verließ,
Die Fråen selber ähnlich war,
Die Fråa, Herman Dir, fast ungern überließ.

Da ward die Zeit
Mir eine Seeligkeit;

Lied.

Da kränz' ich mich mit Kränzen
Von Rosen! —— Denn das Leben gleicht
Zu sehr dem Rosenstrauch,
Der sanfte Blumen trägt
Und tausend Dornen auch. ——
Du, Godschalk, bist ein Stachel
Der mich ins Leben verwundet!
Ich sollte dich hassen, Verräther:
Aber, aber dein Tod
Wird mich Seufzer um Seufzer kosten! ——
Unbändig, wie des Meeres Wogen,
Betrüglich, wie der Wassersand,
Untreuer, hast Du mich betrogen:
Denn Du betrogst Dein Vaterland!
Betäubt durch Römsche Schmeicheleyen,
Verließest Du es in der Noth.
Du hast darum den Tod verdienet,
Und bist nun, ah! — bist todt! —

Da schauerts mir durch Herz und Muth!
Roth, alles roth vor mir wie Blut! —

Verderben möcht' ich Dich, o Fauſt! —
Still! — Ha, das iſt ſein Geiſt; er braußt
Wild über mir mit der Fichte Zweigen,
Und es umflüſtert fürchterlich
Der Todtenklage Winſeln mich:
O gute Götter, laßt es ſchweigen!
Daß ich die blutge Siegesfahn
Hochjubilierend ſchwinge,
Und daß der Barde, als ein Mann
Sein frohes Lied vollbringe!
— Denn er iſt hin!

In Irmgards Arm,
(An des Unwürdgen Seite!) —
War Deutſchlands Knechtſchaft unſre Qual:
Wir glühten, zürnten; — auf einmahl
Poſaunte der Ruf zum Streite!
Froh gürtete den Todesſtahl
Mir Irmgard an die Seite;
Verbarg im Helm mein flatternd Haar,

Lied.

Und reichte Lanz' und Bogen dar,
Und weyhte mich zum Streite.
(Ihr Götter! wie sie reizend war! —)

Ich aber warf die Harfe nieder;
In Wuth zerrann der Geist der Lieder:
Da sprang ich hin, und hatte mein Schwerdt
Im Huy auf unsre Feinde gekehrt,
Im Huy den todesvollen Köcher
In ihre Phalangen ausgeleert!
Die Götter liebten uns: der Sieg
Trat den raubsüchtgen Römer nieder;
Die Freyheit kehret wieder,
Und das versöhnte Schwerdt
Ist in die Scheide zurückgekehrt:
Nun ist die Zeit der Lieder!

Irmgard, ein Sieger grüßet Dich!
Komm, reiche mir die Harfe wieder:
Doch erst umarme mich.

Dann wird der Hymn entzückter klingen
Der in die lauten Saiten tönt:
Denn ihn soll froh mein Mund besingen,
Den Helden, den der Sieg mit rothen Blumen
krönt.
Mein Herz singt mit, und mein Gedicht
Sogar erkennt Roms Vorschrift nicht.
Jedoch, Triumph! wild, regellos,
Ist noch das Lied der Freyheit groß!

Der Gesang
Rhingulphs
des
Barden.

Zweytes Lied.

Zweytes Lied.

Halt die Kriegesſaiten an,
  Harfe, geh auf ſanftrer Bahn;
Laß itzt zärtre Töne ringen:
Es entſtellt die Roſe nicht
Wenn man ſie mit bleichern Blumen
Zu einem Kranze flicht.

Sanft will ichs der Nachwelt ſingen
Wie der Sieger Sitte war.
Lern es, Enkel, daß in Blöße
Reichthum, und in Unſchuld Größe,
Tapferkeit in Tugend war.

So, von eignen Söhnen groß,
Von eigner Tugend warm,

Schlief unsre Mutter in dem Schoos
Des Glücks, der Ruh im Arm:
Indeß schlaflose Tapferkeit
Die Sichere bewacht;
Indeß der Ruhm, die strohbedeckten Hütten,
Ehrwürdig macht,
In welchen alte Redlichkeit,
(Alt, aber ewig wie ein Gott)
Und Gnüge, die sich selbst belohnet
So gern, so lange wohnet.
Da freut mit rechtem Stolze sich
Die gute Mutter über dich,
Du, ihrer Kinder reiche Schaar,
Die ihre Lust und Stärke war:
Noch jauchzt sie, wenn von Glied zu Glied
Sie Enkel, gleich den Vätern, sieht;
Mit Händen, die nicht Arbeit scheuen,
Mit Augen, draus die Unschuld blickt,
Mit Herzen, die sich früh dem Muthe weyhen,
In Leibern nicht von Weichlichkeit erstickt.
Rom staunet; denn frisch wie der schöne Eichenbaum
Wächst Deutschlands Jugend auf:

Der

Lied.

Der Knabe wandelt kaum,
So stärkt ihn Kampf und Lauf;
Und seine erste Rede lallt
Von seiner Väter Thaten:
Denn diese Thaten lernt er bald!
Da pocht sein Herz ihm mit Gewalt;
Er träumt nur gleiche Thaten!
Ihn wecket oft ein Traum vom Streit:
Er sucht des Bildes Aehnlichkeit,
Und eilt, sobald der Hahn den Morgen angesagt,
Hinaus zur kriegerischen Jagd.

Er kömmt; seht wie die Bären ihn,
Seht wie die Wölfe heulend fliehn!

Habt ihr des Bären Stärke?
Habt ihr des Wolfes Muth,
Tyrannen, die ihr hungert
Nach freyer Völker Blut?
Ihr habt sie nicht! O fliehet ihn
Wie Wolf und Bär vor ihm entfliehn!

Von seinem kleinen Kriege müde
Ruht er bey seiner Beut' im Gras,
Und ruft in wiederhallendem Liede
Der noch verborgnen Sonne zu,
Ob sie in allzuweicher Ruh
Das Leuchten heut vergaß?
Auf einmahl kömmt mit eines Siegers Pracht
Die Strahlenmutter, und der Nacht
Nebelvolle Schatten fliehen
Von des Jägers Blick dahin:
Der Tag entbrennt; er fühlt das sanfte Glühen,
Er sieht die Wiesen frischer blühen,
Er athmet kühle Frühlingsluft
Durchbalsamt von dem Blütenduft.
Da strahlt die Freud' aus seinen Blicken!
Da ist Andacht; da ist Entzücken!
Da feyert er die göttliche Natur:
Das Herz ist Priester; Tempel ist die Flur.

Still! — Ihn stöhrt aus warmer Phantasey
Ein Rauschen neben ihm vorbey:

Lied.

Ein Mädchen stark wie er erzogen,
Gieng so wie er, als es getagt,
Mit Pfeil und Bogen
Gleich einer Göttinn auf die Jagd.
Frisch aufgeblüht, nicht halb in Knospe
Ist sie: er aber ist
Nicht wie die zarte Birke,
Die früh im Jahr entsprießt —
Schickt eine Gottheit sie hieher?
Ließ Fräa ihn die Tochter finden,
Um ihrer beyder Leben fest
Mit ihrem Band in eins zu binden?
Ja, Menschenfreundinn, ja dein Pfeil
Traf ihre Herzen: fröhlich blühen
Des Mädchens Wangen rosenrother auf;
Und seine Augen glühen,
Sein Blut jagt schneller im Lauf.

Treuherzig fodert sie ein Theil von seiner Beute;
Er, bietet Beut' und Herz und Hand:
Da sinkt sie hin an seine Seite;
Da knüpft Fräa das Band,

Und winkt der frohsten Nacht;
Die kömmt, schon dämmerts um die Hügel;
Sie kömmt, sie löscht das Licht
Mit ihrem Adler Flügel,
Und breitet aus den schwarzen Teppich weit
Mit goldnen Blumen schön bestreut.
O segne Fräa Dich mit Frieden,
Und Tohr mit Ehre Dich!
O liebe Hertha Deine Felder
Und speis' und tränke Dich!
Werd' alt, und grau, an Kindern reich,
Dem Vater und der Mutter gleich!

So leben sie ein seelig Leben:
Das Feld giebt Brod, die Quelle Labung,
Die Jagd manch buntes Kleid.
Ihr Götter, konntet ihr dem Leben
Des Sterblichen mehr Fülle geben,
Als die Genügsamkeit?
Drum magst du noch so stolz
Von schwererstiegnen Höhen,
O Rom, hohnlächelnd niedersehen

Lied.

Auf unsre Hütten her:
Hast du viel Glück? Wir haben mehr!

Ich habe dich gesehn, du Stadt,
Die Könige zu Knechten hat:
Es rief dein lauter Ruhm auch mich
Mit Hermans Bruder Gilberich
Zu sehn den Ort, wo vorger Zeit
Dir Herman seinen Arm geweyht.
Dort, dacht' ich, wird die Tugend wohnen,
Da wird man Tapferkeit belohnen,
Das Gastrecht wird hier heilig seyn,
Und Weisheit sich der Fülle freun.
Doch wie ganz anders fand ich dich;
Ihr Götter, wie betrog ich mich!
Wo ist die Heiligkeit der Ehe?
Wo ist die Lieb' ohn' arge List?
Wo Freundschaft ohne Falsch? Wo ist
Auch ohne der Gesetze Schwerdt
Das Recht gesichert, Tugend werth? —
Wohl aber sah ich unter Festen
Den Unterdrücker nur gedeyn,

Und in bewacheten Palästen
Den Feigen kühn bey tapfern Wein! —
Hinaus, hinaus aus dieser Stadt,
Wo auch das Laster Barden hat:
Hinaus, hinaus aus diesen Mauern,
Wo Tugend, Unschuld, Redlichkeit
In Staub getreten trauern
Und weinen; wie man heimlich spricht:
Ich selber aber sah sie nicht.

Schnell floh dieß Natternest mein Fuß;
Mich jagte Schande und Verdruß,
Daß Gilbrich nicht mit mir geflohen:
Denn, troz dem Bitten, troz dem Drohen,
Blieb er, und hieß nun Flavius;
Und ward ein glänzender Krieger
Für niedrigen Gewinn,
Und lebt in Ueppigkeiten
Die knechtischen Tage dahin.

Wie seelig aber ist das Leben
Des freyen Enkel Teuts,

Dem

Lied.

Dem es großmüthig gnügt
Was ihm die guten Götter geben!
Ein schönbekränzter Sieger pflügt
Den Acker selbst mit eignen Rindern:
Und kömmt er, wenn die nicht uneble Müh gethan,
In seiner Hütte Ruhstadt an,
Bey seinem Weib und Kindern;
Ha, welch ein herzlich Lustgeschrey
Empfängt den Glücklichen, in fröhlichen Gemische,
Ohn' alle Heucheley!
Dann sammelt sich zu seinem Freudentische
Der Freunde Zahl, ihm gleich am Ruhm,
Ihm gleich an gutem Herzen:
Da geht der bescheidne Becher herum,
Die Eintracht weyht den Honigwein
Und mischet Ernst und Rathschlag drein.

Bey einem solchen Freudentische
Ward jüngst in einer heilgen Nacht,
Varus, dein Untergang gedacht.
Ich sahe, wie die Götter sitzen,
Seelig auf ihrem Thron

Wann sie Gedanken ihrer Gnad' erhitzen,
Daß ihre himmlisch blauen Augen
Wie ihre Siegerkronen blitzen; —
Sah ich Siegmarn, und Siegmars Sohn,
Und neben ihnen andre Rächer
Der Freyheit. Da ergriff im Zorn
Der silberhaarigte den Becher:

 So möge gleich dem Schirlingsaft
  Mich dieser Becher tödten!
 So mög' einst vor der Rechenschaft
  Der Götter ich eröthen!
 Wo ich, geschmähtes Vaterland,
  Nicht noch mit Blut dich räche
 Noch dieß uns angeschlungne Band
  Des stolzen Römers zerbreche!

Er trank's. Ihm bebt vor Alter,
Noch mehr vor Zorn die Hand.

Ihm nach schwur Herman. Ha, die Röthe
Des Grimms glüht ihm im Blut!

Lied.

Sein angeflammter Blick sprach: Tödte!
Und, Siege! sprach sein Muth!

    So sey im Becher das Verderben!
    So möge Herman nahmlos sterben;
        Wo ich nicht, Vater, deinen Harm
        Mit scharfem Schwerdte räche,
        Und nicht den frevelhaften Arm
        Der Knechtschaft ganz zerbreche!

    Heran! Wo ist der zweyte Sohn,
Der edle Flavius?
Entflohn ist er, entflohn,
Nach Rom! Verzeyh', o Vater:
Ich rede was ich muß. —
Siehst du im Geist ihn kommen?
Ihm ist glatt vom Gesicht
Des Mannes Zier genommen:
Wie schreckt der Helmbusch nicht
Die Mädchen, die sich drängen,
Den Schönen zu bewundern!

O streut dem Knaben Rosen;
O komm, ihm liebzukosen
Du West: doch schone des jungfräulichen Gesichts! —
Und also schlummre er ins Nichts!

Weh ihm, daß er geflohn!
Erweicht im Ueberfluß
Lernt er des Römers Sitte,
Haßt er des Vaters Hütte!
Doch ist er nicht der Rach' entflohn:
Er ist bein Bruder nicht, er ist nicht mehr bein Sohn;
Er ist nur Flavius!

Die andern Rächer aber weyhten
Des festbeschwornen Bundes Trank:
Ich sahs, und meine Bardensaiten
Jauchzten einen Gesang.
Dann eilten wir rathsuchend
Zur göttlichen Veleda Thurm:
Die Nacht war tief, die Sterne bebten,
Denn in den Lüften war der Sturm,
Und Rauschen in dem alten Hayne,

Lied.

Wo weder Axt noch Bogen klang:
Da fanden wir die stolz zusammengebirgten Steine,
Und ich hub an den Bardengesang.
Mein Lied drang in die moosigte Höle,
Wo sie, die große Rune war;
Und wer der Höle nahet,
Den faßt der Schau'r beym Haar.
Heyl uns! Da sahn wir sie; die Locken
Fliegend; im weißen Gewand:
Sie schwang die nackten Arme,
Fackel und Messer in der Hand.
So riß sie, in rasendem Tanze,
Sich rings um eine Lanze
(Mich schaudert noch!) und sang
Daß uns die Herzen bebten
Und Fels und Wald erklang.

Krieg, (war ihr Lied:) Krieg, Krieg!
 Dort, dort, dort
 Nah an meinen Grenzen! —
 Ah, die Schwerdter glänzen!
Ha, da ist der Sieg;

Und Veleba ist des Sieges Bürge!
Löse, Herman, löse mich;
Schaffe Opfer, die ich würge:
Oder ich erwürge dich!

Bald stand sie in Gedanken tief,
Gab Siegmarn ihre Hand, und rief:
Vater, grüße Tohr und Mannen;
Eil eil, sie rufen dich! —
So sprach das weise Weib, und wich
In wilderm Tanze von bannen.

Der

Der Gesang Rhingulphs des Barden.

Drittes Lied.

Drittes Lied.

Siegsicher trozt der jagende Bär
    Vor einer Wölfinn Wohnung daher:
Da springt hervor ihr kühnster Sohn;
Voll Hungers blöckt sein Rachen schon.
Doch wagt ers nicht, und hält nicht auf
Den Stärkern in dem Siegerlauf.

Ich aber, Römer, lebenssatt,
Der reifen Frucht des Sieges satt,
Wagt euch in unsre Wälder her
Als ob hier ein Carthago wär;
Auch unser Führer gleich am Fall
Dem großgewesnen Hannibal?

Vergebens! — Sagt, was sucht ihr da?
Es ist nicht Kunst, nicht Wollust da;
Kein theurer Stein, kein Gold ist hier:
Nur Eisen, Varus, haben wir! —
Ah, lockte dich der Tod so weit? —
Vielleicht daß unsre Tapferkeit
Dein Herz mit Sehnsucht eingenommen
So eble Knechte zu bekommen?
Das ists, bey Gott! Drum drangst du ein;
Gleich einer Seuche drangst du ein;
Im ganzen Lande schleicht dein Gift:
So wie die Pest mit gleichen Pfeilen
Den Weisen und den Thoren trifft.

Siehe doch, o Thuiskons Kind,
Sieh doch wie wir glücklich sind!
Sieh den Ruhm in unserm Sold,
Sieh das allmachtsvolle Gold;
Die Bequemlichkeit, die Kunst;
Sieh an uns der Götter Gunst!
Willst du nicht bey Scherz und Wein
Gleich den Römern glücklich seyn?

Lied.

So sang mit ihrer Zauberstimme,
Rom die Zauberinn;
Verderblich riß des Liedes Anmuth
So manches beßre Herz dahin:
Es däuchte sich zum Glück erlesen,
Es opferte sich selbst zum Dank.

O wär doch auf den Zaubergesang
Des Schwerdtes Schlag der Wiederhall gewesen!

Wir aber hörtens wie im Schlaf;
Gedulbig, wie des Druden Hand
Das fromme unbewehrte Schaaf
Zur Opferstunde band:
Itzt wird er ihm ins Herz
Das scharfe Messer tauchen,
Und itzt wird rachelos
Das unschuldsvolle Blut verrauchen!

Schon baun sie Wohnungen umher;
Schon mehrt sich nach und nach ihr Heer;
Schon schwillt der kleine Gißbach auf

Von der Gebürge Schnee:
Es steigt und steigt der Fluthen Lauf
Gefährlich an die Hütten auf
Und macht das Feld zur See.
Verschlungen ist des Feldes Frucht;
Verschlungen Gnügsamkeit und Zucht;
Die Tugend und die Freyheit fliehn
Auf fluthbespülte Felsen hin,
Und sehen ängstlich weit umher,
Ob da kein Retter weiter wär.
Drey stolze Adler, feist von Beute,
Schweben über der Wellen Wuth:
Und sind sie schon der Vögel Fürsten;
So essen sie doch Raub, und dürsten
Nach des Zerrißnen Blut.

O nehmts zu Herzen und zu Ohren!
Hört wie der Frembling kühn stolzirt,
Und uns, uns die wir frey gebohren,
Zum harten Herren wird.
Nicht, wie sonst, ein geweyht Gefecht;
Ein feiler Prätor spricht das Recht;

Lied.

Als wären wir nicht frey gebohren;
Als wären wir ein Knecht!

O wehe dir, verführte Jugend!
Der unerfahrne Jüngling weiß
Itzt andre Freuden als die Tugend;
Und wird vor Pracht und Wollust heiß:
Der Väter Ernst ist ihm ein Scherz,
Sein Leib erweicht, verderbt sein Herz.

 O Rom, gieb uns die Kinder wieder;
  Die du geraubet hast!
 O meine Kinder, kehrt doch wieder;
  Uns jammert euer fast!
 O Godschalk, Freund nach meinem Herzen,
  So wahr Tohr dich erhört,
 O kehr zurück nach meinem Herzen!
  Ist Rom wohl deiner werth?
 Umsonst, umsonst! Entflohen
  Ist er, und hört mich nicht:
 Er achtet nicht des Freundes Drohen,
  Die Noth des Vaterlandes nicht.

O weint

O weint um ihn in frühem Thaue,
 Ihr Eichen weint um ihn!
Verdorre, verwelke, du Hayn und Aue,
 Wo ich, ach wo ich ihn
 Sonst brünstig an den Busen schloß! —
  Gewiß, er war für solche Sitten,
Für solchen Tand zu groß! —

Wohlan, so stürz' er dann sich hin
Nach einem träumrischen Gewinn;
Verlasse Freund und Vaterland,
Und gehe zahm im Sclavenband,
Und bilde nach dem Herren sich,
Und sey ihm — ah! —
Nur lächerlich!

 Ha! Thuisko, unsers Ursprungs Gott!
Dein Enkel wird des Fremdlings Spott?
Wir füttern Wölf' in unsern Horden?
So wirst du Schwerdt nicht wieder blos;
Wie, oder ist des Lasters Loos
Unsterblichkeit geworden?

Lied.

Unſterblich nicht; nein, trauet mir;
Sie ſind des Todes ſo wie wir!
Von frühem Römerblute naß,
Bürgt euch Rhingulph der Barde das:
Ich würgte den Tribunus, ha!
Der ſich den Tod an meiner Irmgard ſah.
Da war der Neigung Feuerfunken
In ſein leichtlodernd Herz geſunken.
Ich ſah, wie er mit Blicken
Des Hungers ſie verſchlang;
Ich ſtaunte, welch Entzücken
Sein Aug aus ihrem Anſchaun trank.
Drauf furcht ich ſein Beſtreben,
Sein Tändeln, ſeinen Witz:
Und ſchnell durchfuhr mich auch ein Jammer wie
          durchs Leben

Der Blitz.
Da fühlt ich Ottern nagen
Am Herzen; Flammen im Geſicht:
Da hätt' ich ihn erſchlagen,
Flöh mich der Feige nicht!
Zum Hayn lief ich uhſinnig

Und stürmt' ins Rosengesträuch,
Und hieb vor Wuth die Blumen
Herunter und warf sie in Teich:
O eine sinnlose Stunde
Lag ich mit blankem Schwerdte da: —
Da plätschern die Wellen; da wach' ich;
Da lausch' ich durch die Sträucher;
Und — Götter! — Irmgard ist da!
Schon warf sie abgezogen
Ans Ufer das Gewand:
Itzt sank sie in die Fluthen,
Doch waren Pfeil und Bogen
In der Badenden Hand.
Schnell war des Unsinns Nebel
Verdampft, schnell war verraucht die Wuth;
Ich dachte nur, die Federweiße
In der kristallnen Fluth:
Und wollte meiner Lieben mich entdecken;
Und schlich still durchs Gesträuch; und nun — —
O Donner und Verderben!
Da schlich auch der Tribun!
Bald machte mir die kühnste Wuth

Lied.

Das Blut zu einer Feuerfluth;
Kaum sah ichs daß Irmgard am Bogen
Den Todespfeil schon aufgezogen;
Ich flog dem Pfeile selbst zuvor:
Der Hieb pfiff durch; der Schädel
Des Frevlers nahm ihn ein:
Da überspritzte mich der Brunnen
Des Blutes, und die Scharlachströhme
Floßen in den Teich hinein.

 Du aber wollest den Verdacht,
 O Irmgard, der mich wund gemacht,
  Mir mit der Liebe Hand verzeyhen:
  Laß itzt des ersten Siegs uns freuen!

Nun aber, nun mit wilder Eil',
Auf auf, und thuet ab den Greul;
Auf, Brüder, auf, und brüderlich
Rächt euch, die Freyheit, Irmgard, mich!
Wo nicht; so möge schnell,
Noch in der Freyheit Armen,
Mein Geist von dannen ziehn,

Die schon die Fittiche entfaltet
Euch Trägen zu entfliehn!
Dann will ich Tohr und Mannus grüßen,
Siegmar, an deiner statt,
Und alle Götter sollens wissen
Welch feige Söhne Thuisko hat! — —

Was hör ich? — O Triumph! Triumph!
Ist das nicht Kriegeston? —
Was seh ich? Sieg euch, Ruhm und Heil!
Da zieht ihr Helden schon;
Schon schlagt ihr! zwar ein kleines Heer:
Doch Herman ist vor euch daher,
Und Siegmar streitet jugendlich,
O Vaterland, zu retten Dich!
So greift die Hand, die uns nach unserm Halse fährt,
In Hermans scharfgeschliffnes Schwerdt!

Schon ist Blut auf das Feld gefallen,
Im einzelen Gefecht:
So wie gebrochne Regen schauern
Vor dem Gewitter her.

Lied.

Wehe, weh, wem klang der Bogen?
Wohin ist der unseelge Pfeil,
In wessen Brust ist er geflogen?

Da, seht, Siegmar sinkt zur Ruh:
Sieg, drück' ihm die Augen zu!
   Ueber uns ist er geflohn;
   Heimwärts schwebt der Gott nun schon:
     Aber noch sieht er herunter;
   Weiht uns seinen Sohn.

Bewundernd sah der Götter Zahl
Ihn auf den hellsten Abendstrahl
Auf eignen Kräften durch
Des Himmels Stürme bringen,
Um sich zu ihnen aufzuschwingen.
Da schaute Thuisko, riß sich vor!
„Noch sind sie meiner werth: o Tohr,
„O Mannus, rettet meine Kinder!„ —
Da lächelte der Götterchor
Und sprach: „Seyd Ueberwinder.„
Da donnerte der Donnerer Tohr!

O nun,

Drittes

O nun, zusammen ihr Brüder, zusammen,
Wie auf dem Opferheerd
Gehäufter Hölzer Flammen
Das Opfer im Nu verzehrt!
Auf Herman mit des Feldherrn Macht!
Siehst du? Der Schlummer und die Nacht
Liegt fast auf unsrer Feinde Heer:
Denn schwüle Gewitter schleichen umher,
Und Tobros laute Stimme ruft,
Und Mannus Schwerdt blinkt in der Luft,
Hertha hat schon das Feld geweiht:
Das, das, Veleda, ist die Zeit!

Auf, laßt uns eilen,
Daß uns die Köcher auf den Schultern klingen:
Und längst dem Siegerwege
Laßt uns, laßt den Schlachtgesang uns singen!

Willkommen in Gewitterpracht,
Willkommen uns gewünschte Nacht!
Des Blitzes Licht gnügt unsrer Bahn:
Drum halt des Mondes Fackel an.

Lied.

Kein heißer Jüngling wünscht sein Licht;
Der Jüngling wandelt itzo nicht
Dem ihm verlobten Mädchen zu,
Um sie zu sehn in ihrer Ruh.

Die Freyheit ist itzt seine Braut:
Des kriegerischen Wolfes Haut
Blökt übern Angesicht voll Zorn,
Die Klauen drohn am Herzen vorn.

Denn wie der Wolf das zahme Thier,
Also zerreißen wollen wir:
Also, gewiß der Freyheit nah,
Groß siegen oder sterben; Ja!

Das ist der Freyheit heilges Heer!
Die Arglist schleicht vor ihm daher,
Zu sehn, ob es ihr still gelingt,
Daß sie zum Herzen Varus bringt.

Gespenster zeichnen ihr die Bahn;
Es geißelt an die Zelter an;

Drittes Lied.

Es heulen Eulen durch die Luft,
Und Varus wird dreymahl geruft!

Merkt auf: schon bringt der Führer vor
Den uns die Freyheit selbst erkohr;
Sie nannte Herman, und geboth:
Da kam des Sieges Knecht, der Tod.

Ihm nach, mit Muth und Schlachtgewehr:
Ein jeder Schritt zur Freyheit näh'r!
Ihr guten Götter steht uns bey!
Ihr Götter selber seyd ja frey.

Seht ihr, die Wolken dämmern grau;
Schon trieft der frische Morgenthau;
Bald ist die Sonn' auf ihrer Bahn:
Hinan! Was zaudern wir? Hinan!

Der Gesang Rhingulphs des Barden.

Viertes Lied.

Viertes Lied.

Wirst du mir gnug Accorde geben,
 O Harfe? Bist du nicht zu schwach?
Laß sich all' deine Töne häufen;
Sprich, wie der Lerm des Treffens sprach!
O daß sie, wie von unsern Bögen
Die Pfeile, lieblich säuselnd flögen,
Und brächten hohe Siegerlust
In alle deutsche Herzen,
Wie jene, in des Feindes Brust
Des Lebens letzte Schmerzen!
Wohlauf! Heb' an die große Schlacht!

Schon glitt im Morgenthau die Nacht
Vor unsern Schritten schnell dahin;

Wir aber schlichen nach der Beute
Und suchten sie im Schlaf zu fahn. — —
Ha! Seht euch um! zur Seite
Fliegen uns Pfeile heran! —
Ha, seyd ihr auf zum Streite,
Ihr, die wir dachten zu fahn;
Ihr, die wir dachten, wie Schaafe
Bald abzuschlachten ohne Streit?
Doch nun, willkommen vom Schlafe;
Seyd uns zum Tode des Kampfs geweyht!

Heraus, du einer Wölfinn Brut,
Aus deiner Brüder Läger!
Genug zum Tode ausgeruht!
Heraus, dich sucht der Jäger;
Heraus ans frohe Tageslicht!
Denn mit blutfarbnem Angesicht
Fährt schon die Sonne auf und räumet
Hinweg der schwarzen Stunden Rust;
Da strahlt ihr Wagen; da schäumet

Lied.

Vor ihrem Feuerwagen
Ihr Eber Gullinbust:
Die Flammen seiner Nase prophezeyhn,
Heiß wird der Tag, heißblutend wird er seyn!

Seht da, die purpurnen Paniere
Flattern in den Lüften schön;
Die goldnen Legionenführer,
Die Adler, schimmern in den Höhn;
Die stampfenden Rosse wiehern laut;
Laut schreyt die Tuba, der Feldherr laut:
Auch schwinget (weh euch!) ungescheut
Der Rabe sich über euch her und schreyt.
Heran mit Waffen, heran zum Streit!

Ha! Welche fürchterliche Menge!
Wie stolz! Wie so im Siegsgepränge! —
Unsinnige, so seht ihr nicht
Die Schlingen, die der Tod euch flicht?
Seht ihr nicht wie der Strahlenschimmer

Die flatternden Wolken zerbricht?
Sie werden zu Winden; sie fahren
Euch staubigt ins Gesicht.
Seht ihr nicht die gestreckten Wälder
Wo euch kein Führer winkt?
Den steilen zackigten Fels? Die schilfbewachsnen
Felder,
Wo Roß und Mann versinkt?
Seht ihr nicht, welch Getümmel
Euch dicht zusammen dreht?
Und seht ihr nicht, daß Himmel
Und Erd' euch widersteht? — —
Doch unter Mannus Schwerdt gebeugt
Lauft ihr den Todesweg, und euer Kriegsgott schweigt!

So führ uns denn auf ihre Schaaren,
O Hermann mit Bedacht;
Laß uns heut Deine Kunst erfahren,
So wie sonst Deine Macht:

Gebeut,

Lied.

Gebeut, (ach unsre Herzen brennen!)
Wo sollen wir die Reihen trennen?
Wo schlagen? Wo im Blute gehn?

Dort, wo der besten Krieger Mengen
Sich wie Gewitterwolken drängen? — —
Dort wird der Führer Varus stehn!
Wie wird das stolze Herz ihm klopfen;
Wie ängstlich werden kalte Tropfen,
Von seiner blassen Stirne fliehn!
Wie wird er, mehr als um sein Leben,
Um die aus aller Welt
Für uns geraubten Schätze beben!

Dort, vor der schnellen Reuterschaar
Trabt Vala trotzig her;
Sein schnarchend Roß ist ungestüm,
Doch nicht so wild als er.
Ihn, auch ihn hat der Tod geweyht;
Denn Rasen ist nicht Tapferkeit.

Das Schwerdt her, und den Bogen! Schon
Erhebt sich eine Legion!
Hört hört, wie sicher sie sich freuen,
Zu tödten oder zu zerstreuen:
Denn! — führt sie nicht Cejonius?
Traun wohl, ein Held bey Wein und Kuß!
Du Weichling, wie wir oft dich sahen,
Dich wollen wir lebendig fahen:
Nie muß in Thuiskons Opferhayn
Ein röther Blut geflossen seyn!

Das Schwerdt her und den Bogen!
   Sie kommen; sie sind da!
So jagt ihr rasenden Stürme
   Das Wetter tobender nah!
Dick zog es an den Tannen
Der Berg' und blitzte von ferne:
Itzt ist im Blitze der Donner,
   Im Donner der Schlag auch da!
Nun fahren die Lanzen; nun klingen
Die Schwerdter; die Schilde klingen;

Lied.

Es säuselt der Pfeile Wolke
Gleich einem schüchternen Daubenvolke
Vom Hund' aus der Furche gejagt:
Da quellen die weiten Wunden,
Vom Zahne des Schmerzens genagt;
Hoch heults in den Lüften und unten
Stampft es, ächzt es, und klagt.

Laßt sie ächzen und klagen,
Daß sie zum Tode sich wagen:
Laßt das grausame Schwerdt nicht ruhn!
Geschwind, gebt die Feigen den Raben,
Damit die Tapferern nun
Mehr Raum zum Sterben haben! — —

Ein leichter Sieg! Da blutet schon,
Da liegt die stolze Legion
Und stirbt zu unsern Füssen;
Ihr goldner Räubervogel stürzt
Herab zu unsern Füssen!

Hinan, bis wir die andern zween
In unsern Siegerhänden sehn!
Hinan, und laßt es Arbeit kosten,
Laßt Blut den Preiß des Sieges seyn:
Zwey Legionen beßre Krieger
Dringen mächtig auf uns ein,
Und wollen unsre Haufen brechen,
Und wollen ihrer Brüder Tod
An euch, von frischem Morde roth,
An uns, ihr Brüder, rächen!
Wie muthig sprengen sie heran,
Wie listig sie uns rings umgeben,
Um wie in Netzen uns zu fahn!
O bey des Vaters Götterleben,
Hier, Herman, nimm dich unser an:
Sonst ist es um den Sieg,
Um Leben (Kleinigkeit!) —
Um unsre Freyheit gethan!

Ihm nach, wie Schlag auf Schlag!
Ihm nach; schon öfnet er,

Lied.

Wie durch die Nacht, der junge Tag,
Den Siegesweg vor sich daher.
Er geht, er reißt auf jeden Schritt
Dem Tode frische Opfer mit:
So geht auf geilbewachsner Aue
Der Landwirth in des Morgens Thaue,
Die blanke Sense schallt vor ihm,
Die Blumen fallen ungestüm;
Dann liegen sie verwelkt und fahl,
Und dorren an dem Sonnenstrahl.
Ihm nach durch das blutflüßende Thal!
Ihm nach über Berge von Leichen!
Ihm nach, wo ihre Schwerdter die Luft
Und ihre Pfeile durchstreichen!
Hinan, und schmettert sie herab
Von steilen Felsenspitzen:
Zerbrechet die Bogen, zerbrechet den Schützen
Die Gebein', und werft sie ins Grab!

Ha! tobender zerfleischen sich
Zween kühne Stiere nicht.

Sie sind die Heerdenführer beyde;
Sie treffen sich auf einer Weyde;
Da fliegt der Staub, das Streithorn bricht;
Sie bluten, doch sie weichen nicht:
Bis daß erfüllt von ihrer Wuth
Die ganze Heerde kämpft, voll Muth
Einander anfällt, schrecklich brüllt,
Und Staub den Tod in Wolken hüllt.

Wer siehet das und fühlet
Die Lust des Mordes nicht?
Da jauchzt sie mir im Herzen,
Und glüht mir im Gesicht!
O meine Faust die fröhlich
Sonst nur die Harfe trug,
Schlägt rasend in die Feinde,
Wie sie die Saiten schlug!
Flieht, flieht,
Des zornigen Sängers Klinge,
Damit sein Lied
Nicht hundert Gefallene mehr besinge! ——

Seht,

Lied.

Seht, seht, das Gras
Trieft schon von Blut,
Drauf tanzt des Todes Gemahl, die Wuth:
 Feur sind ihre Wangen,
 Ihr Haar lebendige Schlangen,
Ihr Kleid von frisch Erschlagnen geraubt;
Und Funken sprühen wenn sie schnaubt.
 Sie stürzt die thränende Bitte
 Unter ihren Fuß:
 Jedem ihrer Schritte
 Folgt der rothwallende Fluß! —
Du, du bist unsre Göttinn!
Dir, dir gehört dieß Reich!
Tod, über- um- und unter euch!

Ha! wer ist der Verwegne
In römischem Gewand? —
Er kömmt von Blut beflossen,
Er schreitet matt und einsam,
Siegmüde hängt sein Schwerdt
Ihm in gesunkner Hand. —

Ha, sehnst du dich zu sterben?
Komm, komm mein Opferthier;
Du bist — — Fluch und Verderben! —
Wer bist du? Wehe dir! —
Weh mir! Bist dus, Verräther?
Nicht deutsch mehr, Freund auch nicht!
Wie darfst du mir noch schauen
Ins glühende Gesicht?
Wie, Godschalk, darfst du trauen,
Nicht fürchten, beben nicht?

„O Freund!„ — Nicht Freund! — „O Rhingulph
„Halt ein, und höre mich!„

Was sollt ich dich noch hören?
Die Götter hören dich!
Sie sahen deinen Abfall,
Sie wogen dein Verbrechen,
Und sie verwarfen dich:
Ihr Tod geht aus zum Rächen,
Und er, er rüstet mich!

„Schwach-

Lied.

„Schwachheit die von Tugend weicht
„Die erhält Vergebung leicht;
　„Thorheit, die den Freund bekränkt,
　„Wird der Reue leicht geschenkt." ——

　Aber wer (hör deine Schande!)
Vaterlands und Freundschafts Bande
Hasset und zerbricht,
Der verdienet nie Vergebung,
Der verdient das Leben nicht!
Hier ist Raum zum Büssen! Hier!
Waffen, Waffen über dir!

　Verachtend fiel auf mich sein Blick,
Er fiel zweyschneidig auf;
Ihn aber gab mein Schwerdt zurück:
Doch sein Schwerdt fieng es auf.
Bis hundert Hieb' auf Hieb' erklangen,
Daß die, so mit dem Tode rangen,

Sich

Sich mühsam huben und uns sahn:
Die Tödtenden in ihrer Wuth
Erwachten aus ihrem Traume von Blut,
Verweilten und staunten uns an!
Die Götter sahen itzt nach ihrem heilgen Buche,
Wo Tod und Leben steht:
Er falle! So stands, mit einem Fluche
Geschrieben stand es da.
Weh ihm, da sank er, da lag er; da!

Verwünscht seyst du, o Erde,
Die du nun leckst sein Blut!
Verflucht sey dieses Eisen!
Verdammt sey meine Wuth!
Ich stieß, von seinem Leben lau,
Dieß Schwerdt in eines Römers Brust,
Daß es zerbrach: da riß ich ihm
Das seine weg, und stürzte mich
Ins Treffen, das noch würgte. —

Lied.

Wie flohn da die Geschlagnen,
Wie schüchterne Lämmer umher
Verlassen, ohne Hirten:
Denn ihn zerriß ein Bär.
Wo bist du, Herr der Heerde,
Du stolzer Varus? Ha,
Er wälzt sich auf der Erde
In seinem Blute da!
Er hatte nicht zum Streite,
Zum Sterben hatt' er Muth;
Er stieß sich in die Seite
Das Schwerdt, und ruht.
Wohl ihm! der Tod ist besser
Als Siegmars zorn'ger Sohn!
Und wohl ihm, daß er dem Messer
Der Rune so entflohn!

Huy! da entfleucht mit seinem Reuter
Vala Numonius,
Verläßt den armen Lanzenstreiter,
Der nun erliegen muß.

Doch sollst du nicht entrinnen,
Sollst Rom nicht wiedersehn:
Heut ist das Glücke müde
Verräthern beyzustehn!

Sie fliehn, sie fliehn
Zum ströhmenden Rhein;
Sie drängen, sie stürzen sich hinein;
Der Flußgott aber winkt
Seinen bellenden Stürmen:
Da brausen die Wellen und thürmen
Und Roß und Mann versinkt;
Nun werden seine Wasserraben
Bis zu der nächsten Schlacht
Ein sattes Futter haben!

Drum auf, du kleiner Rest, heran! —
Ihr Götter! — Wie? Ist es gethan? —
Es ist vollbracht! Kein Römer lebt,
Der nicht mit Ketten gebunden bebt!

       Triumph!

Lied.

Triumph! Noch eins Triumph! Nun hat
Der Tod gesäet seine Saat.
Drey Legionen liegen, sterben;
Sohn, Vater, Bruder ist hingerafft;
Wir nur, wir sind die Erben
Zu der Verlassenschaft!

Ach! wehe euch! zu eurer Sieger Füssen
Liegt ihr, von Schaam und Schmerz zerrissen,
Von Schand' und Angst getheilt!
Damit der müde Tod es höre,
Der allzuspät verweilt;
Heult doch, unseelige Opfer, heult!
Könnt ihr wohl schärfer büßen
Im großen Schattenland,
Wenn ihr hinunter zittert
An euers Lasters Hand? —
Blinde Dunkel umgeben
Den Sündenrächer da:
Aber er hascht ihre Leben
Und greift ihrer Seele nah.

Viertes Lied.

Da hallen des Elends Lieder
In der Höh, in der Tiefe wieder;
Daß er, der Wirth des Jammers
Horchend oft innehielt,
Und grimmiges Erstaunen
Jedoch kein Schonen fühlt!

Der Gesang Rhingulphs des Barden.

Fünftes Lied.

Fünftes Lied.

Stiller wird das Blutfeld nun,
 Wo die Angst gewüthet,
  Klagen schweigen, Schmerzen ruhn,
 Und Verwesung brütet
  Ueber Leichen, draus der Geist
 Ihres Lebens weichet,
  Wie der Schmetterling den Balg
   Seiner mütterlichen Raupe
Fröhlich von sich streichet.

So müssen sie alle verderben,
Die unsrer Freyheit drohn!

So müssen sie fallen, so sterben!
So schlage der Tod mit Hohn
Die stolzen Schädel in Scherben!
Triumph! die Schmach ist gerochen;
Triumph, da ist der Sieg;
Die Kette, Triumph, zerbrochen!
Das war ein göttlicher Krieg!
Verachtet uns nicht weiter,
Ihr Römer! zähmet euch:
Sonst führt uns noch der Streiter
Herman, in euer Reich!
Itzt aber, matt vom Streite,
Itzt aber, satt der Beute
Des Siegs, läßt er euch ziehn:
Der Falk' in giergem Hunger
Zerriß nur drey der schönsten
Vom Daubenvolk, und ließ die bebenden Schwestern
fliehn.

Dieß, Römer, haben wir gethan!
Kein Volk nahm unsrer Schmach sich an.

Lied.

Gebändigt liegt Phönicien;
Das kriegrische Hispanien
Lernt sich an euer Joch gewöhnen;
Und der in seiner Flucht
Furchtbare Parther sucht
Euch wieder zu versöhnen.
Auch läßt der Gallier,
(Zwar unser Nachbar, Freund nicht mehr!)
Die euch bekannte Keule fallen:
Wir aber, von ihm verlassen, von allen
Verlassen, wir zerbrachen doch
Das uns schon angelegte Joch;
Wir gossen euer Blut aufs Feld,
Und eure Schande durch die Welt!

Nun kehrt die Freude wieder;
Nun steigt der Ruhm hernieder:
Denn beyde flohn betrübt.
Nun eilt, gesandt von Tobrs und Mannus
      Thronen,
Die Freyheit, um zu wohnen,

Wo man sie liebt.

Ruhe folge dem Streite:
Nehmt die Schwerdter der Beute,
Heftet die Klingen den Pflügen an,
Und spannt die gefangenen Roße daran;
Bis daß gnügsamer Ueberfluß
Von allen Feldern winkt,
Indeß ihr aus den römschen Schädeln
Den feurigen, den edeln
Erbeuteten Falerner trinkt.

Vor allen, lobpreiset den Göttern;
Opfert den mächtigen Rettern;
Betet die Geber des Sieges an,
Die diese Schädel gespallten,
Daß sie den Sieg uns erhalten
Den wir von ihnen empfahn!
Kommt, kommt ihr Druiden,
Theilt mit uns den Gewinn;
Kommt ihr heilgen Jungfraun.
Reißet die Opfer dahin,

Ihr

Lied.

Ihr Runen des Sieges Bürgen.
Quelle da, quelle Blut:
Eh die Opfer sich würgen
Mit ihren Ketten, in ihrer Schande Wuth!
In des Eichwalds Mitte
Prange dieß Adlerpaar:
Ha, daß uns der dritte
So verschwunden war!
Schwingt er sich nicht bald
Aus dem Sumpf hervor;
O so fleugt er warlich
Jenen Schatten vor,
Die, vor unserm Grimm dahin,
Gedrängt zur Hölle hinunter fliehn!

Nächst den Göttern, sagen
Wir dem Helden Herman, Dank.
Heil des Mannes Tagen!
Der Mann sey, Barden, euer Gesang!

Ein Gott ists, der dem Sieger
Das Heldenlebrn gab
Drum stürmt sein Ruhm durch die Himmel
Und übersiegt sein Grab.
Mit allgewaltgem Flügel
Fliegt ihm Unsterblichkeit,
Und trägt in ihren Händen
Den Schild der Ehre, hoch und breit.
Sprich laut, Ehre, die Nahmen
Der Völkerschaften, die so schön
Mit purpurfarbnem Römerblute
In deinen Schild gezeichnet stehn.

Heil euch, Cherusker! Euer Nahme
Ist selbst ein Lobgedicht.
Herman ist euer Saame:
Mehr Lobes braucht es nicht.

Heil dir, du starker Schildebrecher,
An Menge nicht, an Muth furchtbarer Longobard,

Der,

Lied.

Der, seiner eignen Freyheit Rächer,
Auch unsrer Freyheit Retter ward!

Auch eilt heran mit Freuden,
Der Katte mit dem kühnem Herz.
Des Vaterlandes Leyden
(Segnet ihn ihr Götter!)
War sein größter Schmerz;
Trug einen Ring von Eisen
Zum Zeichen tiefer Schaam;
Ließ traurig sich die Haare,
Den Bart sich traurig wachsen,
Bis daß er Rache nahm.
Triumph! Er ist gerochen,
Er hat den Ring zerbrochen,
Er schneidet ab das wilde Haar
Worinn sein Antlitz gräulich war.

Berichtigt ist der Tenkter,
Berühmt das Roß auf dem er ficht:

Denn kriegrischer und schneller
Sind diese fremden Roße nicht.
Vergebens, daß ihr Römer
Auf ihnen behender wie Schwalben floht!
Er rennete mit ihnen
Blutwettend um den Tod:
Und daß er Deutschland rette
Eilt er ans Ziel, voll Muth;
Und da gewann er die Wette
Bezahlt mit euerm Blut!

Auch kam gereizt und Racheschnaubend
Der edle Kauz herzu:
Denn wie der satte Bär im Winter
Schlief er schon lang in stolzer Ruh.
Doch ist dem Schlummer nicht zu trauen;
Weh dem, der ihn unehrerbietig weckt!
Bald fühlt er seine Klauen,
Hin, in den blutgen Schnee gestreckt.

Lied.

Dann kehrt der Ueberwinder wieder,
Und sinkt in süßerm Schlummer nieder,
Und wirft des siegenden Zorns Gewinn
Den heißen Rachen der Wölfe,
Den hungerbellenden Füchsen dahin.

Doch wie, vom bunt'sten Fell gezieret,
Der schöne Luchs einherstolzieret,
Trotz seiner Sanftmuth, eitel List
Und grausam, und unbändig ist;
So zog heran der brave Sueve
Geputzt zu Treffen und Gefahr,
Mit seinen buntgemahlten Waffen
Und künstlich aufgeknüpften Haar;
Und ward vom Feinde fast verachtet
Weil nicht sein Anblick droht:
Doch in der Asche lag das Feuer
Und unter Blumen war der Tod!

Fünftes

Aber fürchterlich, traun,
Waren die Arier anzuschaun.
Hinter geschwärzten Schilden
Brüllen sie her, die Wilden!
Die nackten Leiber mit Farben gefleckt,
Die Schultern mit wilden Häuten bedeckt,
Im Schauer kommender Nächte,
Erheben sie gern ihr Gefechte:
Wenn der Mond dann helle,
All ihr Schrecken bescheint;
O so flieht der Feind
Sie wie die Geister der Hölle!
Doch schlägt ihr Herz, bey aller Furchtbarkeit,
Der Freyheit, und dem Vaterlande,
Und ächter deutscher Redlichkeit.

Fleug nun, Unsterblichkeit! Dein Schild
Ist mit den Nahmen überfüllt.
Nur wende du dein Angesicht
Auf wenige Segeste nicht!

Lied.

Segest, ach daß ich dich muß nennen!
Ach daß dich wird die Nachwelt kennen!
„Thusneldens Vater war Segest;
„Sein Eydam Herman der Besieger;
„Er selber aber liebte Rom,
„Und ward ein Knecht und ein Betrüger." —
Heilloser Mann, von Sohn zu Sohn
Lebt dieß Gerüchte dir zum Hohn!

Du aber, starr' auf deinem Sinn,
Und stirb einst als ein Knecht dahin;
Sey du nicht deines Sohnes Trauer;
Dein Grab sey wüst, und dein Gedächtniß Schauer.
Wagst du dann vor die Götter dich,
So donnre Tohr dir fürchterlich!
Verworfen wirst du unter ihnen
Dem Tische ihrer Becher dienen,
Und reichst den Trank herum gebeugt;
Wenn Herman dann zu ihnen steigt,

Wie wirst du dich unsterblich schämen,
Wenn dir aus bebender Hand
Der Held den Becher nehmen
Und spotten wird: „O recht,
„Das ist Segest, der Knecht!

Doch fleug, Unsterblichkeit, von dannen:
Dein breiter strahlender Schild
Ist ja mit bessern Nahmen
Ganz überfüllt.

Ich aber will das Blut
Der Wunden Godschalks waschen;
Auflösen will ich ihn mit Glut,
Und über seiner Aschen
Mit meinen Armen hoch
Ehrwürdge Steine wälzen;
Und jährlich will ich gehn